Ayya Khema

Meditation

Das Herz der Religionen

W0095173

JhanaVerlag

Jhana Verlag im Buddha-Haus
www.jhanaverlag.de oder www.buddha-haus.de

Bibliografische Information der Deutschen Bibliothek
Die Deutsche Bibliothek verzeichnet diese Publikation
in der Deutschen Nationalbibliografie;
detaillierte bibliografische Daten sind im Internet über
http://dnb.ddb.de abrufbar

ISBN 978-3-931274-11-5

Titelfoto: Christiane Breitfelder
Covergestaltung: Produktcreation Jörg Hoffmann
Korrektorat: Bärbel Wildgruber
Satz: Claudia Wildgruber
Druck: Druckerei Steinmeier, Deiningen

Ayya Khema

Meditation

„Die Menschen machen weite Reisen,
um zu staunen:
über die Höhe der Berge,
über die riesigen Wellen des Meeres,
über die Länge der Flüsse,
über die Weite des Ozeans und
über die Kreisbewegung der Sterne.
An sich selbst aber gehen sie vorbei,
ohne zu staunen.“

Augustinus

Inhalt

Wieso Meditation?

Wir wollen einmal überprüfen, warum die Meditation ein wichtiger Bestandteil unseres Lebens sein müsste. Es ist unwahrscheinlich, dass wir uns mit etwas abgeben, bei dem wir nicht erkennen können, warum wir es tun sollten. Es ist außerdem unmöglich, die Meditation sofort erfolgreich zu gestalten, daher müssen wir Geduld üben und immer wieder anfangen.

Wenn uns also nicht klar ist, wieso Meditation nötig ist, ist wohl nicht anzunehmen, dass wir dies tun. Wir können unser Leben ja mit vielen anderen Dingen ausfüllen. Wir können uns erst einmal darüber klar werden, wie wir uns täglich, ohne Unterlass, um unseren Körper kümmern, an ihn denken und ihm die

Fürsorge zukommen lassen, die wir für nötig halten und die uns das Leben angenehmer gestalten soll. Daraus können wir vielleicht einige Schlüsse ziehen.

Mehrmals täglich führen wir dem Körper ganz regelmäßig die beste, gesündeste, schmackhafteste Nahrung, die wir finden können, zu. Aber außer zu essen, muss auch verdaut und teilweise ausgeschieden oder dem Blutstrom einverleibt werden, um die Kräfte des Körpers aufrecht zu erhalten.

Wir müssen den Körper außerdem jede Nacht ins Bett legen. Wenn wir das nicht tun, sind wir nach zwei oder drei Tagen in solch einem Zustand, dass wir nicht mehr weiter funktionieren können. Der Körper muss sich einfach ausruhen.

Wir müssen den Körper auch täglich mindestens einmal waschen. Was dabei gesäubert wird, sind die Haut und eventuell noch die Haare. Dass wir aber nicht nur aus Haut und Haaren bestehen, ist uns allen ganz klar und dennoch ist das alles, was wir mit Wasser und Seife reinigen können.

Wir geben dem Körper sicherlich die Möglichkeit, sich etwas Bewegung zu verschaffen, spazieren zu gehen, Sport zu treiben oder irgendeine andere Tätigkeit auszuüben. Wenn der Körper keinerlei Bewegung hat, ist er bald so weit, dass er sich nicht mehr bewegen kann.

Wir haben ein Dach über dem Kopf und leben in einem Haus, bei dem wir die Türen schließen können. Keiner kann hinein, den wir nicht bei uns haben wollen, und auch vor den Unbilden des Wetters sind wir geschützt. Regen, Schnee, Hagel oder auch Sonne können uns nichts anhaben.

Dies ist ganz in Ordnung, nur der Geist, der unseren Körper bewohnt und der Herr im Hause ist, bekommt nichts von dieser Fürsorge ab. Er muss den ganzen Tag denken und die ganze Nacht träumen, pausenlos, ohne Unterlass. Nicht ein einziges Mal, seitdem wir zu denken begonnen haben, ist ihm auch nur eine Sekunde Ruhe gegönnt worden. Dadurch hat er natürlich auch nicht seine volle Energie und Fähigkeit. Er sieht die Welt durch einen Nebel von Projektionen und Ungewissheit.

In diesem geistigen Nebel spielen sich unsere Begierden ab: das Haben- und Loswerdenwollen. Wir erfahren natürlich, dass wir nie alles haben können, was wir wollen, und sehr oft auch das bekommen, was wir nicht wollen, und befinden uns daher in einem ständigen Wechsel von Freude und Leid.

Dieser Mangel an Energie ist vergleichbar mit einem sehr wertvollen Werkzeug, um das sich keiner kümmert. Es wird draußen im Regen gelassen und verrostet. Es wird nicht geölt oder geschärft, wird aber ständig benutzt. Wenn wir ein wertvolles Werkzeug so behandeln würden, wäre es längst kaputt, aber wir hätten die Möglichkeit, ein neues zu kaufen.

Mit unserem Geist ist das leider nicht möglich. Wir müssen mit ihm von Anfang bis zum

Ende auskommen. Das heißt also, wir müssen aufpassen, dass er nicht verrostet, müssen ihn ölen und schärfen und ihn auch mal unter Dach und Fach bringen, sodass er nicht den Unbilden des Klimas ausgesetzt ist. Vor allen Dingen muss er mal etwas Ruhe bekommen, um sich zu erholen. Unserem Geist, diesem unvergleichlichen Werkzeug, dem wertvollsten im Universum, an dem wir alle teilhaben, muss einmal Fürsorge und Aufmerksamkeit zuteil werden.

Einer unserer menschlichen Fehler ist es zu glauben, dass unser Geist ohne jegliche Hilfestellung effizient weiterarbeiten kann und dass außerdem alles stimmt, was wir denken. Wenn wir anfangen zu meditieren, merken wir schon nach wenigen Minuten, dass wir unserem Geist nicht trauen können. Sobald wir das verstanden haben, ändert sich unsere Welt. Bis zu diesem Moment glauben wir, dass unser Geist uns zuverlässige Daten zukommen lässt. Natürlich verfallen wir immer wieder in diesen Fehler. Aber beim Meditieren merken wir deutlich, dass der Geist einfach denkt, weil er nicht gelernt hat, einmal ruhig zu sein.

Ein Resultat der Meditation ist es, dem Geist Ruhe zu verschaffen, nicht zu denken, aber auch nicht einzuschlafen und auch nicht eine verständnislose Leere zu empfinden. Wenn der Geist gelernt hat, auch nur momentan nicht zu denken, dann gibt es stattdessen ein Erleben.

Wir können unser Leben nicht erdenken, obwohl wir es immer wieder versuchen. Wir denken über die Zukunft nach, wie sie sein sollte, was wir haben möchten oder loswerden wollen. Wir denken über andere Menschen nach, was sie können oder nicht können, wie wir sie beurteilen und verurteilen möchten. Die ganze Zeit läuft ein Denkprozess ab, der nie von der Gegenwart handelt, sondern nur von dem, was vielleicht einmal sein könnte oder gewesen ist.

Die Wirklichkeit liegt aber woanders. Wirklich zu leben bedeutet, dass wir jeden Moment gegenwärtig sind, ohne etwas zu erdenken, sondern nur zu erleben. Das können wir in der Meditation lernen. Ohne Meditation ist es kaum denkbar, sich dies zu eigen zu machen.

Wenn wir anfangen zu meditieren, merken wir im Allgemeinen, dass alle störenden Gedanken sich entweder um die Zukunft oder die Vergangenheit drehen. Wir können also dem Geist einmal die Möglichkeit geben, sich von dieser ständigen Arbeit auszuruhen, wobei auch die Dualitätsebene, auf der wir leben, einmal kurz verschwindet. Sind wir doch sonst fast immer mit „Ich" und „Du", „gut" und „böse", „bekommen" und „ablehnen", „gestern" und „morgen" beschäftigt. Auch das kommt erst zum Vorschein, wenn wir meditieren. Vorher glauben wir, dass wir als intelligente Menschen sehr vernünftig denken. Das tun wir aber nur, soweit es sich ums Überleben handelt. Das genügt aber nicht, denn zu überleben schaffen wir sowieso nicht. Es ist schade, damit unser Leben zu verbringen, denn wir stehen von vornherein auf verlorenem Posten. Es ist viel lohnender, der Wahrheit näherzukommen.

Wenn wir dem Geist das Ausruhen von der Denkarbeit ermöglicht haben, so bekommt er natürlich eine neue Energiezufuhr und kann sich regenerieren. Genau wie der Körper sich nachts ausruht und sich am nächsten Morgen wieder stärker fühlt, so kann der Geist neue Kraft erlangen. Dieses Regenerieren des Geistes ermöglicht es uns, klarer zu sehen was uns hilft, weniger ein Opfer unserer Emotionen zu sein. Dies ist ein erster Gewinn durch die Meditation, nämlich wir bekommen neue Geistesenergie durch die Ruhe und empfinden weniger emotionellen Druck.

Als Zweites wird der Geist geübt und dadurch geschmeidig und folgsam. Wir haben uns eigentlich noch nie auf etwas richtig konzentriert, obwohl wir schon manches auswendig gelernt und uns gemerkt haben. Erst wenn wir anfangen zu meditieren, merken wir, dass das nicht dasselbe war. Wenn wir aber den Geist immer wieder dazu auffordern, sich an die Konzentration zu gewöhnen, so bekommt er dadurch Kräfte, die wir beim Körper durch körperliche Übung bekommen. Der Geist erwirbt sich nun endlich einmal „Muskeln", mit denen er den Anforderungen des Lebens unerschüttert gegenüberstehen kann.

Wir leben in einer relativen Wahrheit, in der es nichts Absolutes gibt. Dadurch haben wir auch das Gefühl eines innerlichen Unerfülltseins, das wir immer wieder von außen zu befriedigen versuchen. Informationen, Vergnügen, Reisen, Essen, Sport, wir suchen etwas außerhalb von uns selbst; oft hoffen wir auch auf einen anderen Mensch, der uns Erfüllung schenkt. Dieses Unerfülltsein ist aber in uns selbst verankert und kann nicht von außen gefüllt werden.

In einer relativen Wirklichkeit gibt es eben kein absolutes Erfülltsein. Da wir dies aber nicht erkennen können, wissen wir nicht, wohin mit uns. Deshalb ist die Welt so, wie wir sie kennen, worüber jede Zeitung ständig berichtet. Wir sollten uns auch immer wieder daran erinnern, dass unser Geist der größte Reichtum ist, den wir besitzen können; im ganzen Universum gibt es nichts von größerem Wert. Wenn wir einen Moment darüber nachdenken, so sehen wir, dass der Geist der Herr und der Körper der Bedienstete ist. Wir aber kümmern uns mit allen Anstrengungen um den Bediensteten und vergessen vollkommen, dass der Herr auch Zuwendung braucht.

Wenn wir daran denken, dass wir unseren Körper täglich waschen und sauberhalten, so ist es wohl selbstverständlich, dass der Geist das mindestens so nötig braucht. Auch er muss sauber gehalten werden. Wir kennen wohl unsere eigenen Beschmutzungen und müssen uns nicht für sie tadeln. Es ist aber absolut nötig, sie zu erkennen. Wenn wir ein schmutziges Kleid anhaben und nicht wissen, dass Flecken darin sind, werden wir es wohl weiter tragen bis uns jemand zuruft: „Du bist ganz schmutzig. Dein Kleid ist voller Flecken." Mit unserem Geist ist selten jemand so ehrlich, dass er sagt: „Hör mal, du hast ja ganz schmutzige Gedanken, mach sie mal sauber." Das einzige Geschehen dabei ist, dass Menschen sich entweder von uns abwenden oder wir uns selbst unglücklich machen.

Wir müssen also selbst die Schmutzflecken erkennen. Der Säuberungsprozess ist der Läuterungsprozess im Geist, und das ist das spirituelle Leben. Ob wir es als eine Religion bezeichnen wollen oder mit einer Organisation identifizieren oder von einem Lehrer abhängig machen, ist ganz unwichtig. Es handelt sich nur um einen Weg, den eigenen Geist zu läutern. Wenn ein einziger Geist geläutert ist, hat sich die Welt geändert. Denn wir sind die Welt. Ein Mensch, der sich ändert, ändert die Welt.

Die Läuterung des Geistes geschieht in der Meditation automatisch, wenn wir uns konzentrieren. Eine Minute der Konzentration ist eine Minute der Läuterung, denn wir können nicht zwei Sachen auf einmal im Geist haben. Wir können nicht negativ denken und uns gleichzeitig konzentrieren. Wir können dies mit einer automatischen Waschmaschine vergleichen. Aber diese Läuterung während der Meditation genügt nicht. Wir müssen diesen Läuterungsprozess im täglichen Leben unterstützen, indem wir unsere Gedanken immer wieder vor Unreinheiten behüten und in Reinheit umwandeln.

Durch die Meditation haben wir also erstens einmal die Möglichkeit, den Geist zu regenerieren, sodass er neue Kraft schöpfen kann, nachdem wir ihn jahrelang „im Regen" stehen gelassen, weder geölt noch geschärft haben. Jetzt holen wir ihn nach innen, wo er beschützt und ungefährdet Selbstschau halten kann, sodass wir Klarblick bekommen.

Dazu kommt, dass wir durch das Üben der Konzentration dem Geist „Muskeln" verschaffen, die es ihm ermöglichen, mehr in die Tiefe vorzudringen. Die Reinigung, die wir täglich dem Körper mit Wasser und Seife zukommen lassen, bieten wir nun dem Geist durch die Meditation an. Es wäre besser, einen schmutzigen Körper zu haben als unreine Gedanken, was alle Negativitäten mit einschließt. Jede Unreinheit gräbt Furchen in den Geist, die es uns erleichtern, das Negative zu wiederholen, welches uns die Öffnung zum Neuen blockiert.

In der Meditation führen wir dem Geist auch gute Nahrung zu. Wenn wir zum Beispiel universelle Wahrheiten kontemplativ untersuchen, lernen wir dort zu Hause zu sein und nicht immer in dem Materiellen, Alltäglichen, was uns allen bekannt ist, aber nie zu einer gehobenen Geistesstimmung führt.

Die nächste bedeutsame Tatsache bei der Meditation ist die, dass wir die Bewusstseinsebene, auf der wir uns befinden, nicht mehr als die einzig mögliche anzusehen brauchen. Wir glauben nicht mehr, dass es nichts anderes für den menschlichen Geist gibt als einkaufen, Arbeiten erledigen, Pflichten nachkommen, Bankkonten prüfen, telefonieren, Zeitungen lesen, Briefe schreiben, sich unterhalten oder Fernseher andrehen. All diese Beschäftigungen führen zu nichts, weil sich das tägliche Leben immer und ewig im Kreis dreht.

Es fängt damit an, dass wir frühmorgens aufstehen, uns waschen, anziehen, frühstücken, zur Arbeit gehen oder das Haus säubern, wieder essen, nach Hause kommen, uns ausziehen, waschen, essen, den Fernsehapparat anstellen und schlafen gehen. Und am nächsten Morgen wieder dasselbe. Aufstehen, frühstücken, arbeiten und so weiter und so weiter. Tag für Tag, mal ein Buch lesen, jemanden anrufen oder in die Ferien fahren. Das ist keinesfalls erfüllend, und weil wir das wissen, suchen wir ständig etwas Neues. Das stellt sich dann auch nicht als das Richtige heraus, und so versuchen wir wieder etwas anderes. Die Welt ist aber so voll mit Möglichkeiten, dass wir entweder bis zum Lebensende oder noch länger brauchen, um zu erkennen, dass all die Vielfalt uns auch keinen Frieden bringt. Oder aber wir nehmen eines Tages davon Abstand und sagen: „Es muss etwas anderes geben."

Das stimmt auch, und wir werden dies selbst erkennen können. Bis dahin haben wir etwas von außen gesucht, durch unsere Sinne des Sehens, Hörens, Schmeckens, Riechens, Berührens und Denkens. Aber wir können nicht von außen innerlich erfüllt werden. Unsere Bewusstseinsebene von der gewöhnlichen, alltäglichen zu einer gehobenen zu ändern, gibt uns eine innere Harmonie wie nie zuvor. Wenn wir universelle Wahrheiten in unserem Geist tragen, so wird unser Innenleben mit etwas ganz anderem angefüllt als mit den täglichen Dingen, die wir alle kennen. Das Ändern unserer Bewusstseinsebene ist ein Teil der Meditation, eine Möglichkeit, die uns gegeben ist, wenn wir geduldig, eifrig und mit Zuversicht täglich üben.

Unsere gewöhnliche Bewusstseinsebene ist die der Dualität. Wir haben Dinge gern oder nicht, sie gehören mir oder anderen, wir wollen etwas haben oder loswerden, wir glauben oder zweifeln und wollen unseren Verstand benutzen, um allen Dingen auf den Grund zu gehen.

Mit dem Verstand ist es aber nicht möglich, die tiefste Wahrheit zu ermitteln. Obwohl der Verstand gebraucht wird, um unser Erleben zu erkennen, so kann er nicht das Erleben ersetzen. Das Erleben wird uns durch unsere Gefühle vermittelt. Auch dies lernen wir in der Meditation kennen, dass wir nämlich durch die Gefühle erleben und nicht durch den Verstand. Der Verstand ist dann notwendig, um uns zu erklären, was wir erlebt haben. Wenn jedoch keine Gefühle hochgekommen sind, gibt es auch kein Erkennen.

Eine der Bewusstseinsebenen, die wir erreichen können, ist uns teilweise bekannt. Wir haben sicher schon einmal ein anderes Bewusstsein erlebt, zum Beispiel wenn wir einen anderen Menschen sehr geliebt haben. In dem Gefühl dieser starken Liebe hat sich eine Bewusstseinsebene eröffnet, die nicht auf Dualität gegründet war. Aber es war natürlich auch vergänglich und hat nicht angehalten. Weil wir dies nun als ein sehr wünschenswertes Ereignis empfunden haben, haben wir es wiederholen wollen. Jedes Mal konnten wir jedoch feststellen, dass es vergänglich war.

Wir können dies auch manchmal in einer wunderschönen alten Kirche oder Kathedrale erleben, in der sich viel Andacht gesammelt hat und wir uns diesem Gefühl der Andacht hingeben können. Am Ozean einen herrlichen Sonnenuntergang zu beobachten und sich diesem Gefühl vollkommen hinzugeben, kann uns auch eine gehobene Innenwelt verleihen. Im Allgemeinen glauben wir dann, dass dies aufgrund des Sonnenuntergangs, der Kirche oder der Liebe entstanden ist. Es war aber nichts dergleichen. Es war ein Loslassen von dem verstandesmäßigen Urteilen, Verurteilen und Beurteilen. Aber da uns das nicht klar ist, suchen wir uns einen neuen Sonnenuntergang, eine neue Liebe oder eine neue Kirche.

Diese Veränderung der Bewusstseinsebene kann aber durch die Meditation systematisch herbeigeführt und insofern beibehalten werden, dass sie sich uns bei jeder Meditation wieder eröffnet. Dadurch nehmen wir die gewöhnliche Bewusstseinsebene im täglichen Leben allmählich nicht mehr so ernst. Wir müssen zwar weiter unseren Verpflichtungen nachkommen, einkaufen gehen, Kartoffeln schälen und Rechnungen bezahlen, aber es berührt uns alles nicht mehr so stark, weil wir jetzt eine andere Bewusstseinsebene kennen.

Das ist der Moment, in dem der Geist sein Heim gefunden hat. Was der Körper die ganze Zeit schon hatte, nämlich ein Dach über dem Kopf, unter dem wir geschützt sind, wenn es schneit, hagelt, regnet oder die Sonne heiß scheint, hat nun der Geist auch gefunden. Das Heim für den Geist befindet sich in der gehobenen Bewusstseinsebene, in der er sich beschützt und ungestört fühlt von den Unbilden der Emotionen, den Böswilligkeiten wie Hass, Furcht, Angst, Ärger, Neid oder Eifersucht.

Obwohl wir am Tage natürlich den Geist seinen verschiedenen Aufgaben zuwenden müssen, so können wir uns in jeder Freizeit in unser geistiges Haus zurückziehen und erholen. Genau wie wir wissen, dass der Körper nicht die ganze Nacht auf der Straße verbringen muss, denn wir haben ja einen Schlüssel für unsere eigene Haustür, wissen wir nun, dass der Geist beschützt sein kann, denn wir haben den Schlüssel gefunden.

Dieses Gefühl gibt uns eine ganz andere Sicherheit im Leben. Wir haben selbst erlebt, dass wir das größte Juwel, den größten Reichtum in uns tragen. Wir können uns von der Problematik des menschlichen Lebens in eine

Reinheit begeben, in der unser Erleben nur auf geläutertem Geist basiert ist. Das Wissen, dass dies möglich ist und wir jederzeit dahin zurückkönnen, sind Meditationsresultate, die unser Innenleben ausschlaggebend ändern. Sie sind nicht das endgültige Ziel der Meditation, aber wegbegleitende Erlebnisse.

Das Ziel der Meditation ist ein anderes, nämlich Klarblick oder Einsicht, die allmählich in uns aufsteigen. Dadurch, dass sich unsere Bewusstseinsebene bereits von dem entfernt hat, was uns sonst berührt und das wir für so wichtig hielten, entstehen andere Interessen.

Wir sehen nun die Dinge anders als bisher. Ein Baum ist weiter ein Baum, er wird nie etwas anderes sein, aber durch das Meditieren erinnern wir uns an die Vergänglichkeit und sehen den Baum als ein Phänomen, das erschienen ist, eine Weile bleibt und wieder vergeht. Wir wissen, dass das die zugrundeliegende Wahrheit von allem ist, was existiert, vor allem auch von uns selbst. Das ist eine der

Überlegungen, die uns nun wichtig erscheinen. Wir denken nicht mehr, dass alles so bleiben soll, wie es ist, sondern dass jedes Ding und jedes Lebewesen einem ständigen Wechsel unterworfen ist. In dem Wechsel, der das ganze Universum berührt, ist nirgends vollkommene Erfüllung zu finden und gleichzeitig auch keine Kernsubstanz.

Die meisten Menschen sind am Weg der Meditation interessiert und nicht am Ziel. Das soll ruhig so sein, denn der Weg führt sowieso zum Ziel, ob wir es wissen oder nicht. Der menschliche Geist ist nämlich der gleiche bei uns allen. Obwohl wir glauben, manche Menschen seien intelligent, andere dumm, manche seien sympathisch, andere unsympathisch, einige verständnisvoll, stimmt das nur auf einer oberflächlichen Ebene. Auf einer viel tiefer liegenden Erkenntnisschicht ist das nicht mehr richtig.

Jeder menschliche Geist hat den Samen der vollkommenen Erleuchtung in sich, die absolute Wissensklarheit oder höchste Einsicht ist. Jeder menschliche Geist trägt die Fähigkeit aller gehobenen Bewusstseinsebenen in sich. Jeder kann sie erreichen, wenn er gewillt ist, Geist und Energie dafür zu verwenden, Geduld zu üben und Entschlusskraft walten zu lassen. Je leichter wir uns dem Neuen hingeben können, desto schneller läuft dieser Vorgang ab. Im Prinzip sind wir dabei ganz auf uns selbst angewiesen. Der Buddha hat uns eine Landkarte gegeben, auf der genügend Wegweiser eingezeichnet sind. Wie wir aber wissen, nutzt uns die beste Landkarte nichts, wenn wir uns nicht ins Auto setzen und losfahren und vorher selbstverständlich mit Benzin auftanken. Das Benzin ist die Energie, die uns die Reise überhaupt ermöglicht. Das Autofahren ist unsere Bereitschaft, die Entdeckungsfahrt nach innen vorzunehmen. Die Landkarte mit den Wegweisern zeigt uns die Richtung und das Ziel. Des Buddhas Wegweiser sind zwar sehr klar und deutlich und die gleichen für jeden, aber sie sind nur dann von Interesse, wenn wir schon bis zu ihnen vorgedrungen sind. Aus der Ferne ist der schönste Wegweiser unleserlich.

Des Buddhas Richtlinien zeigen deutlich, dass jeder menschliche Geist die gleichen Bewusstseinsstufen durchschreitet. Wenn uns klar geworden ist, dass es mehr im Leben gibt als Einzelerlebnisse, die vielleicht Höhepunkte für uns waren, und dass wir nicht von äußeren Umständen abhängig zu sein brauchen, sondern nur auf unser Innenleben angewiesen sind, dann werden wir sicherlich anfangen, unser Innenleben aufzuräumen. Die Ordnung und Sauberkeit, die wir alle gerne in unseren Häusern und Wohnungen haben, gehört gleichermaßen in unser Herz und unseren Geist. Wenn dies geschehen ist, können wir uns selbst viel klarer erkennen, und die Meditation hat einen Nährboden geschaffen, auf dem sie florieren kann.

Die Vorteile jeder Meditation

Die Tatsache, dass jede Meditation, auch wenn sie unkonzentriert ist, Vorteile bringt, kann die Menschen, die Meditation einmal ausprobiert haben, dazu anspornen, dabeizubleiben.

Wie wir bereits im ersten Teil dieser Schrift erfahren haben, braucht der Geist mindestens so viel Fürsorge wie der Körper. Er braucht gesunde Nahrung, die wir durch die Lehre des Buddha bekommen können, aber auch durch unsere edlen Freunde und unsere edlen Unterhaltungen. Er benötigt stärkende Nahrung, damit er nicht in Negativitäten verfällt. Die meiste Nahrung, die dem Geist zugeführt wird, kommt aus den Medien, die voller Negativitäten sind. Aber es ist nicht nötig, sich damit zu beschäftigen. Dazu sagte der Buddha: „Das ganze Universum liegt in diesem klafterlangen Körper und Geist." Wir müssen unsere Sinne beschützen, wie dies der Buddha nannte, um unserem Geist gesunde Nahrung zuzuführen.

Das wertvollste Instrument, das es im ganzen Universum gibt, muss einmal zur Ruhe gebracht werden, damit es Kraft und Energie schöpfen kann. Dazu muss der Geist einspitzig sein und nicht mehr von einem Gegenstand zum anderen flitzen, sich mit der Welt beschäftigen, sondern lernen, nach innen zu gehen. Der Geist braucht mindestens so dringend die Ruhe wie der Körper. So wie wir uns jeden Abend schlafen legen, um unseren Körper auszuruhen, sollten wir uns jeden Morgen und Abend zur Meditation hinsetzen. Aber wir müssen den Wegweisern, die der Buddha uns gegeben hat, selbst folgen. Es ist wichtig, diese Bedeutung zu betonen, denn sonst ist es nicht hilfreich, sich mit dieser Brücke zwischen dem Weltlichen und dem Überweltlichen, der Meditation, zu beschäftigen.

Der Geist braucht Übung, damit er gehorsam wird und nicht ständig das macht, was ihm passt. Wenn wir sehr häufig nicht glücklich sind, dann können wir daran erkennen, dass der Geist das macht, was ihm passt. Ein Geist, den wir unter Kontrolle haben, würde sich das nie einfallen lassen. Denn wozu wollen wir freiwillig unglücklich sein? Das ist zwar einfach ausgedrückt, aber nicht einfach umzusetzen. Die Übung, die wir dem Geist angedeihen lassen können und sollten, ist die, dass wir ihn dazu bringen, sich dorthin zu wenden, wo wir ihn haben wollen. Wenn uns das gelingt, dann können wir auch meditieren. Umgekehrt kann sich der Geist dorthin wenden, wo wir ihn haben wollen, wenn wir meditieren können. Das eine bedingt also das andere.

Es geht nicht über Nacht, sondern es dauert Jahre, bis der Geist endlich gehorcht und das tut, was wir wollen. Dazu benötigen wir Geduld, Willenskraft, Stetigkeit und Durchhaltevermögen. Wenn wir eines davon verlieren, die Meditation aufgeben und etwas anderes probieren, so nutzt uns das gar nichts. Denn alles andere, was wir probieren können, kommt durch unsere Sinne: sehen, hören, riechen, schmecken, berühren und denken. Es ist aber unmöglich, den Geist durch unsere Sinne auf eine Ebene zu bringen, auf der er Neuland erlebt. Es gibt nichts außer der Meditation, um den Geist einmal so zu meistern, dass er gehorcht und nicht der Abwechslungs- oder Vergnügungssucht frönt.

Wenn wir bei dem langwierigen Prozess des Erlernens der konzentrierten Meditation die Vorteile der unkonzentrierten Meditation kennen, so kann dies Frustration verhindern, die dabei entstehen kann.

Wir sollten uns darüber klar werden, was wir suchen und wie wir das bekommen können. Die meisten Menschen glauben, dass sie ihr Glück bekommen, wenn sie die Dinge, die sie unbedingt haben wollen, festhalten können, und die Dinge, die sie überhaupt nicht haben wollen, loswerden können. Wir sollten ausprobieren, ob es uns gelingt, auf diese Weise glücklich zu werden und zu bleiben. Der Buddha wollte nicht, dass wir alles glauben oder bezweifeln, sondern, dass wir selbst ausprobieren. Vielleicht kommen wir dann darauf, dass es andere Prioritäten geben muss als das, was draußen in der Welt dauernd geschieht. Das ist zeit-, energie- und kraftraubend.

Wenn wir nicht die Willenskraft aufbringen, uns zeitweilig davon abzuwenden, können wir nicht die höheren geistigen Ebenen kennen lernen. Jeder Mensch, der die Lehre des Buddha hören kann, hat eine erstklassige Möglichkeit, den Geist einmal so kennen zu lernen, dass er andere Ebenen berührt. Wenn wir das erleben, dann reden wir uns nicht mehr ein, keine Zeit zur Meditation zu haben. Daher ist es äußerst wichtig, die sofortigen Vorteile der Meditation zu kennen, auch wenn sie noch so unkonzentriert ist.

Der erste Vorteil besteht darin, dass wir

gutes *Karma* machen, was eine notwendige Unterstützung für unser Leben ist. Wir würden nicht von der Lehre des Buddha hier lesen, wenn wir nicht schon gutes *Karma* gemacht hätten. Ebenso würden wir nicht in einer westlichen Wohlstandsgesellschaft leben ohne unser eigenes gutes *Karma*. Das bedeutet natürlich nicht, dass wir anderen Menschen nicht helfen sollen, die nicht so privilegiert sind. Nach dem Buddha bedeutet *Karma* die Absicht. Haben wir die Absicht, unseren Geist auf eine Ebene zu bringen, auf der er ein neues Bewusstsein erleben kann? Dazu meditieren wir und das ist gutes *Karma*. Jedes Mal, wenn wir uns zur Meditation hinsetzen, machen wir gutes *Karma*.

Wenn wir uns zur Meditation hinsetzen, arbeiten wir gegen die Lässigkeit und Trägheit des Geistes, was der zweite Vorteil ist. Der Buddha hat die Lässigkeit und Trägheit des Geistes unser drittes Hindernis genannt und damit verglichen, im Gefängnis zu sein, für das wir selbst den Schlüssel haben. Ein träger Geist sagt: „Ich mache es morgen", „Ich meditiere, wenn die Kinder größer sind", „Ich meditiere, wenn ich im Ruhestand bin", „Ich mache es, wenn es kälter oder wärmer ist", „Ich werde es erledigen, wenn ich mehr Zeit habe", „Das kann ja nicht so wichtig sein", „Ich habe zu viel zu tun". Ein träger Geist findet jegliche Entschuldigung, etwas nicht zu tun.

Ein anderer Vergleich des Buddha dafür ist ein Wassertümpel, in dem so viele Wasserpflanzen wachsen, dass wir unser eigenes Antlitz nicht mehr sehen können. Wir haben so viele Gründe, dass wir nicht mehr erkennen, statt Vernunft nur Rechtfertigungen anzuwenden.

Der Buddha hat außer der Meditation empfohlen, dass wir mehr über das *Dhamma* (die Lehre des Buddha) lernen und den Geist mit edlen Freunden und edlen Unterhaltungen so erheben, dass er sich dem zuwendet, was uns auf dem spirituellen Weg helfen kann. Bei der Hinwendung zum Meditationsobjekt ist der Geist nicht träge, sondern er wird dazu gebracht, einspitzig zu sein.

Der dritte Vorteil besteht darin, dass der Geist lernt, im Jetzt zu sein. Jeder, der schon mal Meditation ausprobiert hat, weiß, dass der Geist Zukunft und Vergangenheit behandelt, anstatt im Jetzt zu sein. Im Jetzt gibt es nur diesen einen Atemzug, was Konzentration bedeutet. Wenn wir nicht konzentriert sind in der Meditation, dann beschäftigt sich unser Geist entweder mit der Zukunft oder mit der Vergangenheit. Wenn wir in der Meditation lernen, dass es im Jetzt nur diesen einen Moment gibt, dann können wir das auch ins tägliche Leben übertragen. Wenn wir gelernt haben, im Jetzt zu sein, dann fühlen wir uns weder überfordert noch empfinden wir, dass zu viel von uns verlangt wird, wir fühlen weder Stress noch Druck, da sich dies alles in der Zukunft befindet.

Es gibt nur wenige Menschen, denen es

gelingt, im Jetzt zu leben. Die Vergangenheit ist unwiderruflich vorbei. Manche Menschen versuchen ständig, die Vergangenheit hochzubringen, vor allem dann, wenn sie ihnen nicht gefallen hat. Die Zukunft ist eine Hoffnung, die Gegenwart heißt, wenn sie eintritt. Morgen kommt nie, denn wenn es da ist, heißt es heute. In der Meditation haben wir also eine Lernsituation, auch wenn wir nur kurze Zeit konzentriert sind. Wenn wir in der Meditation eine Sekunde wirklich konzentriert sind, spüren wir, dass dann eine Bürde von uns abfällt und eine gewisse Leichtigkeit entsteht.

4. Der vierte sofortige Vorteil ist der Läuterungsprozess. Eine Sekunde der Konzentration ist eine Sekunde der Läuterung, die wir sonst nicht hätten. Wenn wir uns auf das Meditationsobjekt konzentrieren, dann ist es unmöglich, Hass oder Gier zu empfinden. Wenn wir nämlich etwas haben oder loswerden wollen, dann können wir uns nicht konzentrieren. Wir können entweder das eine

oder das andere. Wenn wir die Sekunden der Konzentration aneinanderreihen, dann haben wir einen größeren Zeitraum an Läuterung. Selbstverständlich muss die Läuterung auch im täglichen Leben weitergehen, aber ohne die Hilfe der Meditation stehen wir einer kaum zu bewältigenden Aufgabe gegenüber. Es ist kaum möglich, nur durch Erkennen unserer täglichen Reaktionen den Geist zu läutern. Dazu benötigen wir die automatische Läuterung der Meditation, die auch bei nur einer Sekunde der Konzentration stattfindet.

Der fünfte Vorteil liegt darin, dass wir unseren Geist durch das Etikettieren der abschweifenden Gedanken in der Meditation kennen lernen. Das Etikettieren ist eine bedeutende Methode, weil sie uns im täglichen Leben ermöglicht, unsere Gedankeninhalte zu erkennen. Denn nur so können wir im Alltag ein spirituelles Leben führen, was nicht bedeutet, Nonne oder Mönch zu sein, sondern, dass wir den Inhalt unserer Gedanken kennen, was der erste Schritt auf dem spirituellen Weg ist.

Wenn wir unsere Gedanken kennen gelernt haben, dann kommt der nächste Schritt, dass wir die unheilsamen Gedanken mit den heilsamen ersetzen, was wir in der Meditation dadurch lernen können, dass wir jeden abschweifenden Gedanken mit dem Atem ersetzen. Ob ein Gedanke unheilsam ist, können wir daran erkennen, ob er negativ ist und uns selbst betrübt oder einen anderen betrüben könnte, wenn wir es ihm sagen würden. Wenn wir dieses Erkennen und Ersetzen unserer Gedanken gelernt haben und im täglichen Leben benutzen, dann haben wir einen Weg gefunden, uns mit dem Spirituellen immer weiter zu beschäftigen, sodass die Einsichten immer stärker werden. Eines Tages wird es uns klar werden, dass niemand daran schuld ist, wenn wir nicht glücklich sind, sondern dass es unsere Gedanken sind, die das verursachen.

In der Meditation können wir erleben, dass

die Gedanken kommen und wieder gehen. Im täglichen Leben glauben wir meistens, dass unsere Gedanken von außen verursacht sind. Was außen geschieht, ist nur ein Auslöser, denn wenn wir in unserem Inneren keine unheilsamen Gedanken hätten, dann könnten sie auch nicht hochkommen. Das können wir in der Meditation lernen, sobald wir unsere abschweifenden Gedanken etikettieren. Dabei können wir auch unsere Gedankenmuster erkennen, was der sechste Vorteil ist. *6.*

Der siebte Vorteil besteht darin, dass wir lernen, unseren Gedanken nicht zu glauben. *7* In der Meditation kommt ein Gedanke hoch, ohne dass wir es wollten und glücklicherweise verschwindet er auch wieder. Ebenso ist es im Alltag. Wir müssen nicht unseren Gedanken glauben, ihnen nachspüren, sie verfolgen oder uns sogar mit ihnen identifizieren, denn sie verschwinden sowieso.

Beim Etikettieren merken wir schnell, dass, wenn wir der Beobachter des Gedankens sind, wir nicht mehr der Denker sind. Der Gedanke zerbricht und wir können zurück zum Meditationsobjekt. Ob der Gedanke zutreffend war oder nicht, ist nicht wichtig, da er längst wieder vergessen ist. Es ist eine Hilfe im täglichen Leben zu wissen, sich nicht mit jedem Gedanken identifizieren zu müssen. Dadurch wird das Leben einfacher und unkomplizierter.

Der achte Vorteil ist die Achtsamkeit, die in des Buddhas Lehren ein ganz bedeutsamer Faktor ist. Wir wenden im Alltag Achtsamkeit an, um zu überleben. Außer dieser weltlichen Achtsamkeit müssen wir die Achtsamkeit auf dem spirituellen Weg üben, die zu Konzentration und Einsicht führt. Hierzu ein Zitat vom Buddha: „Es gibt nur einen Weg zur Läuterung von Wesen, zur Überwindung von allem Leid, zum Eintritt in den spirituellen Pfad und zur endgültigen Erlösung und Freiheit, nämlich die Achtsamkeit."

Wenn wir achtsam sind, geschieht Läuterung, ebenso wie in der Meditation, wenn wir auf das Meditationsobjekt konzentriert sind, wie weiter oben bereits erläutert ist. Wenn wir außerhalb der Meditation nicht achtsam sind, sondern unseren Geist in die Weite schweifen lassen, dann haben wir große Schwierigkeiten, ihn wieder zurückzuholen, wenn wir meditieren wollen. Die Achtsamkeit ist im Alltag unser wichtigster Begleiter, damit wir auf dem spirituellen Weg bleiben.

Die Achtsamkeit auf den Körper ist in der Meditation die Atembetrachtung. Außerhalb der Meditation handelt es sich um die Beobachtung unserer impulsiven Körperbewegungen und der Handlungen, die wir uns vorgenommen haben. Jedes Mal, wenn der Geist abschweift und wir ihn wieder zurückbringen, sind wir wieder achtsam geworden. Wenn wir achtsam sind, dann gibt es weder Hass noch Gier, das heißt die Achtsamkeit ist eine automatische Läuterung. Wir passen nur auf das auf, was mit dem Körper geschieht.

Wenn wir uns diese sofortigen Vorteile der

Meditation nicht immer wieder vor Augen halten, dann hören wir sicher mit der Meditation auf.

Nachdem die Vorteile der unkonzentrierten Meditation erläutert wurden, behandeln wir noch die Vorteile der konzentrierten Meditation.

Bei einer konzentrierten Meditation erleben wir, dass der Atem immer feiner wird und zu einem Punkt kommt, an dem wir ihn nicht mehr finden können. Ohne die Anweisungen für die Meditation ist es ganz natürlich, dass wir dann einen tiefen Atemzug nehmen. Die Betrachtung des Atems können wir als Schlüssel bezeichnen, den wir lange und fest genug in der Hand haben müssen, um ihn ins Schlüsselloch zu stecken und die Tür zu öffnen.

Sollten wir den Atem lange und fest genug im Geist gehalten haben, so können wir ihn in ein symbolisches Schlüsselloch einführen und ein symbolisches Tor, das Tor nach innen, öffnen. Wenn wir uns dann wieder mit dem Atem beschäftigen, sind wir zum Schlüssel zurückgegangen und haben das Tor nicht geöffnet. Dieses Tor, das jeder in sich trägt und das der Zugang nach innen ist, ist durch Gedanken und Reaktionen verschüttet. Erst derjenige, der meditiert und sich lange genug auf einen Punkt konzentriert hat, das heißt sich lange genug geläutert hat, ist in der Lage, dieses Tor überhaupt zu erkennen und mit dem Schlüssel der Atembetrachtung zu öffnen.

Wenn der Atem ganz fein geworden ist, dann sind wir lange genug auf dem Atem geblieben und es ist möglich, den Zugang nach innen zu finden. Dann richten wir unsere Achtsamkeit nach innen. Das bedeutet, dass wir uns dann nicht mehr um das Meditationsobjekt kümmern, sondern um die hochsteigenden Empfindungen, die in diesem Moment entzückend sind. In den Schriften wird das Entzücken auf viele verschiedene Arten beschrieben, wie ein Gefühl des Schwebens, der Leichtigkeit, der Auflösung der Körpergrenzen, ein Rieseln im Körper, innere Wärme (nicht Hitze), ein Gefühl des äußersten Wohlbefindens. Die stärkste Empfindung zu der Zeit wird zum Meditationsobjekt, das dann nicht mehr der Atem ist, was ja nur eine Methode ist, um das Tor nach innen zu finden und zu öffnen. Die Methode ist nicht die Meditation, die die volle Konzentration ist, aber sie ist nötig, um sie zu erreichen.

Wenn sich der Geist also lange genug beim Atem aufgehalten hat ohne abschweifende Gedanken, dann ist es für jeden möglich, nach innen zu gehen und das entzückende Empfinden zu erleben. Beim ersten Mal reagiert der Geist meistens damit, dass er sich fragt, was das sei, und er es gerne wiederhätte. Allerdings ist dann die Konzentration zu Ende, und wir müssen von vorne beginnen. Hierbei müssen wir uns klar machen, dass das Wiederhabenwollen uns von der Konzentration abhält. Wir müssen uns nur auf den Atem konzentrieren.

Dieses entzückende Empfinden ist die erste

meditative Vertiefung, wovon es acht gibt. Sie ist der Einstieg und am leichtesten zugänglich. Jeder kann sie durch Üben erleben, aber die meisten Menschen brauchen Zeit dafür und nur Stetigkeit kann uns dahin führen. Wenn wir nur unregelmäßig meditieren, dann können wir den Geist nicht trainieren, ebenso wie ein Sportler regelmäßig trainieren muss, um eine gewisse Leistung zu erbringen.

Wenn wir den Zugang nach innen gefunden haben, dann haben wir schon einen Läuterungsprozess durchgemacht, sodass der Zugang offensichtlich wird, der nur darin besteht, die Achtsamkeit nach innen zu lenken.

Wenn wir in der Lage sind, einige Zeit auf diesem Entzücken als Meditationsobjekt zu bleiben, dann wissen wir, dass wir in uns etwas gefunden haben, das wir außen durch Sinneskontakte gesucht haben. Die ersten vier meditativen Vertiefungen heißen die feinkörperlichen Vertiefungen, weil wir die Zustände bereits vom körperlichen her kennen. Aber sie unterscheiden sich völlig von ihnen, weil sie unabhängig von Sinneskontakten sind. Wir kennen entzückendes Empfinden, das aber im Allgemeinen durch Berührungskontakt hervorgerufen wird, das heißt wir sind von dem Sinneskontakt abhängig. In der Meditation haben wir ein Erleben eines entzückenden Empfindens, das von äußeren Umständen unabhängig ist. Dies bedeutet den ersten Schritt in die Freiheit. Diese Unabhängigkeit macht es uns ganz klar, dass die Sinneskontakte nicht alles sind, was es gibt, und dass sie vor allem qualitativ nicht so ein entzückendes Empfinden wie in der Meditation hervorrufen können.

Als Zweites können wir erkennen, dass dieses Entzücken in uns vorhanden sein muss, denn sonst könnten wir es nicht erleben. Wenn wir die Meditation lange genug geübt haben, dann können wir eines Tages jederzeit zu diesem Entzücken gehen. Dieses Erleben kann uns eine neue Sichtweise unseres Lebens nahebringen. Zudem bekommen wir die Sicherheit, dass wir jederzeit, wenn wir wollen, zu diesem Entzücken zurückkommen können. Das heißt, wir haben ein Heim für den Geist gefunden, so wie der Körper auch ein Heim mit allen Annehmlichkeiten hat. Bis zu dem Zeitpunkt, da wir die erste meditative Vertiefung erleben, hat unser Geist noch keinen Ruhepunkt in sich gefunden. Das Wissen um das Heim für unseren Geist bringt uns zu einem ganz anderen Zugang zu unseren täglichen Konfrontationen. Wir wissen, dass wir in der Meditation nicht mehr den Unbilden unserer Emotionen ausgesetzt sind, sondern den Komfort für unseren Geist gefunden haben. Daher berührt uns der tägliche Ablauf nicht mehr so gravierend, und wir können viel leichter damit fertig werden, da wir nun noch etwas anderes kennen gelernt haben.

Wenn wir uns lange genug konzentrieren können und das Tor nach innen gefunden haben, dann öffnet sich uns ein Weg zu einer neuen Bewusstseinsebene, die Neuland und jedem Menschen zugänglich ist. Die Mystiker aller Zeiten und aller Religionen haben dies beschrieben und gelehrt. Es ist durch Übung erlernbar. Die Beschreibung ist nur der Wegweiser dorthin, ohne den man noch mehr von der Meditation frustriert ist.

Wenn wir wissen, dass neue Bewusstseinsebenen jedem Menschen zugänglich sind, dann haben wir eine gewisse Hoffnung. Allerdings muss an dieser Stelle vor dem Resultatdenken gewarnt werden, was nur zu Stress und Druck führt. Das ist auch der Grund für die Schwierigkeiten im Alltag. Das einzig Richtige ist, das Beste zu geben, was wir haben, uns selbst hinzugeben, immer wieder und immer neu. Dann kommen die Resultate von ganz alleine. Wenn wir aber an das Resultat denken, dann können wir uns nicht hingeben. Denn das Resultat bedeutet etwas haben wollen und sich hingeben bedeutet loslassen. Hingabe und Loslassen sind die beiden Schlüsselworte für die Meditation und den spirituellen Weg. Sich dem Geschehen hingeben und alles andere loslassen.

Der menschliche Geist hat durch seine Reaktionen und Gedanken eine gewisse Schwere. Wir können merken, dass eine Last auf uns liegt. Diese Schwere verhindert es, dass wir uns hingeben und wir loslassen können. Loslassen bedeutet, die Bürde loszuwerden, und führt zu Leichtigkeit.

Wenn wir also mit unserer Meditation schon so weit gekommen sind, dann ist mit ziemlicher Sicherheit anzunehmen, dass wir mit der Meditation weitermachen. Aber so weit müssen wir erst mal kommen.

Wir kennen in unserem Leben Spitzenerlebnisse, die sehr häufig durch die Natur wie von einem herrlichen Sonnenuntergang oder durch verliebt sein hervorgerufen werden. Dadurch können wir ein Entzücken erleben, und dann glauben wir, dass wir dieses spezielle Erlebnis wiederholen müssen, um das Entzücken wieder empfinden zu können. Das Einzige, was wir wiederholen müssen, ist die Konzentration. In dem Moment, in dem wir uns auf etwas konzentrieren, was uns so stark in Anspruch nimmt, dass wir die Idee des „Ichs" und des Habenwollens vergessen, kommen wir nach innen. Wir tragen es immer in uns. Das Heim für den Geist ist das Wichtigste, was wir für uns selbst tun können. Wir sollten einmal untersuchen, was wir mit dem Rest unseres Lebens anfangen wollen. Auf jeden Fall ist es unmöglich, Jugend, Gesundheit und das Leben zu behalten. Was sind unsere Prioritäten? Worum geht es uns wirklich? Wenn wir das erkannt haben, dann fällt es uns leichter, uns zur Meditation hinzusetzen.

Wenn wir den ersten Schritt nach innen getan haben, so kommen gleichzeitig mit dem entzückenden Empfinden noch zwei andere Faktoren ins Spiel. Der eine ist die Einspitzigkeit, die hier einfacher und stärker ist als bei der Atembetrachtung, denn entzückendes Empfinden ist interessant. Die Einspitzigkeit arbeitet gegen unsere Begierden, denn wir können nicht gleichzeitig etwas begehren und einspitzig auf dem Meditationsobjekt sein. Es sind nämlich die Begierden, die uns vom Glücklichsein abhalten.

Der zweite Faktor ist die innere Freude, die automatisch mit dem entzückenden Empfinden entsteht. Das entzückende Empfinden ist die erste meditative Vertiefung und wird da zum Meditationsobjekt. Gleichzeitig kommt die innere Freude hoch, die bei der Konzentration auf das entzückende Empfinden nicht so stark ist. Um in die zweite meditative Vertiefung zu gelangen, müssen wir das entzückende Empfinden in den Hintergrund treten lassen und die Freude hochbringen. Auch hier erleben wir wieder, dass die Freude nicht von den Sinneskontakten abhängig ist und nicht davon, dass die Dinge in der Welt so geschehen, wie wir es gerne hätten. Vor allen Dingen erleben wir, dass Freude in uns lebt und immer vorhanden ist. Wir müssen nur den Zugang finden, was uns gelingt, wenn wir in der Meditation mit dem Denken aufhören und konzentriert auf dem Atem bleiben.

Das hört sich einfach an, ist aber durch unsere Hindernisse erschwert. Es gibt fünf Hindernisse und fünf meditative Faktoren, die gegen die Hindernisse arbeiten. Jeder hat die Hindernisse, von denen hier bisher die Lässigkeit und Trägheit des Geistes erwähnt wurden. Ebenso haben wir den Zugang zu unserem Innenleben, das alles enthält, was wir je gesucht haben, und auch die Gegenmittel gegen die Hindernisse. Wir müssen uns nur einmal darum kümmern, diesen Weg zu gehen.

Das entzückende Empfinden der ersten meditativen Vertiefung arbeitet gegen die Böswilligkeit, das zweite Hindernis. Während des entzückenden Empfindens in der Meditation ist keinerlei Böswilligkeit möglich, und die Sicherheit, dass wir jederzeit zu dem Entzücken zurückkehren können, erleichtert uns den liebevollen Umgang mit anderen.

Die Freude als Begleiterscheinung des entzückenden Empfindens ist ein natürliches Gegenmittel für das vierte Hindernis: Unruhe und Rastlosigkeit, die wir haben, weil wir noch nicht das gefunden haben, was wir immer suchen. Diese innere Unruhe jagt uns von einem Erleben zum nächsten, weil wir uns erhoffen, dass das nächste Erleben die Erfüllung bringt. Das ist deutlich erkennbar in den Verkehrsstaus, in dem enormen Zuwachs überall und auch der fortschreitenden Technisierung, was alles Ablenkungsmanöver sind. Weil wir noch nicht den inneren Zugang gefunden haben, müssen wir uns äußerlich ablenken, was im Prinzip nicht schlecht ist, aber wir müssen dies als Ablenkungsmanöver erkennen und nicht als Lösung der menschlichen Problematik. Der Buddha hat Unruhe und Rastlosigkeit damit verglichen, ein Sklave zu sein. Wir sind nicht Meister unserer Emotionen und Handlungen, sondern wir lassen uns von der Unruhe und Rastlosigkeit hin und her jagen. Wir halten es nicht lange bei einer Sache aus, wir haben ständig Bewegung.

Wie bereits erwähnt arbeitet die Einspitzigkeit gegen die sinnliche Begierde, die das erste Hindernis ist. Der Buddha hat dieses Hindernis damit verglichen, ein Schuldner zu sein. Wir schulden unseren Sinnen eine Bezahlung, weil sie immer etwas wollen. Wenn wir das bis zum Ende unseres Lebens nicht beendet haben, dann haben wir auf dem Totenbett immer noch die größten Schwierigkeiten damit. Solange wir nichts anderes kennen als die Sinnesbefriedigung, das heißt, das Angenehme zu bekommen, sind wir ständig in Aufruhr. Denn es ist unmöglich, nur Sinnesbefriedigung zu erhalten.

Ein weiterer Faktor ist das anfängliche Hinwenden zum Meditationsobjekt, was mit dem Anschlagen der Glocke verglichen wird. Dies arbeitet gegen unser drittes Hindernis, die Lässigkeit und Trägheit des Geistes, was bereits erläutert wurde.

Noch ein Faktor der Meditation ist das länger andauernde Hinwenden zum Meditationsobjekt, was mit dem Anhalten des Tones der Glocke verglichen wird. Wenn wir in der Lage sind, uns zu konzentrieren, das heißt, wir länger auf dem Meditationsobjekt bleiben können, dann arbeitet dies gegen den skeptischen Zweifel, das fünfte Hindernis, denn der Geist fühlt sich bestätigt, weil er sich konzentrieren kann. Der Zweifel an der eigenen Fähigkeit und an der Möglichkeit wird sehr vermindert. Wenn wir uns nicht konzentrieren können, dann kommen häufig Zweifel an der eigenen Fähigkeit hoch. Wenn wir es dagegen können, wird der Zweifel aufgehoben und wir bekommen einen besseren Zugang zur ganzen Lehre. Das Gegenteil von Zweifel ist Vertrauen, ohne das wir uns dem spirituellen Weg nicht nähern können.

Wir haben Herz und Geist. Der Geist muss verstehen, und das Herz muss sich in Vertrauen öffnen. Um dem Geist das Verständnis zu vermitteln, gibt es Bücher und Vorträge, aber das Herz muss sich von alleine öffnen, was nur durch Vertrauen möglich ist. Vertrauen, durch eigenes Erkennen zu wissen, dass es etwas mehr gibt als das bisher Erlebte. Dieses Vertrauen wird dadurch bestärkt, dass wir beim Meditationsobjekt bleiben können, und es öffnet das Herz. Wenn wir nicht gleichzeitig Herz und Geist auf diesem Weg entwickeln, dann humpeln wir sozusagen auf einem Bein. Wir brauchen intellektuelles Verständnis, eigenes Erleben und vor allem die Liebe, was Vertrauen bedeutet. Denn wir können nur dem vertrauen, was wir lieben. Wenn wir in der Meditation so weit gekommen sind, dass wir daran etwas lieben können, dann liegt der Weg offen vor uns. Wenn wir erleben, dass die Bewusstseinsebenen im Alltag nur ein geringer Abklatsch von dem ist, was wir in uns tragen, dann wird das Leben viel einfacher. Die meisten Menschen spüren instinktiv, dass es mehr im Leben gibt als das, was wir täglich erleben, und das hier Beschriebene ist der Zugang dazu, der erste Schritt, aber dazu müssen wir täglich meditieren.

Um was geht's denn eigentlich?

In der Geschäftigkeit des täglichen Lebens vergessen wir oft, dass es höhere Werte als die alltäglichen gibt, denen wir ständig nachjagen. Das passiert vor allem dann, wenn die Jagd so aufreibend ist, dass überhaupt keine Ruhepausen eintreten. Dann vergessen wir vollkommen, um was es eigentlich im Leben geht.

Es geht bestimmt nicht darum, mehr zu haben oder zu wissen. Mehr als wer? Der Nachbar? Oder jemand am anderen Ende der Welt? Oder derjenige, der bei uns im Haus wohnt? Mehr als gestern?

Die ganze Jagd, die sich im weltlichen Leben abspielt und sich in der Schnelligkeit und Geschwindigkeit spiegelt, in der jeder vorwärtskommen will, ist ein Trugbild. Wohin ist vorwärts? Die Welt ist rund, und unsere ganze Lebensdauer ist von Geburt bis zum Tod. Wenn wir älter werden, werden wir körperlich schwächer. Wo ist dabei vorwärts? Es geht höchstens rückwärts.

Die meisten Menschen vergessen vollkommen, was wirklich wichtig ist. Selbst wenn wir es hören, ist es uns immer noch nicht klar, was im Mittelpunkt des Geschehens steht. Um was geht es denn eigentlich? Geht es darum, keine Schmerzen zu haben? Oder geht es darum, besser meditieren zu können als unser Nachbar? Oder vielleicht besser als alle Anwesenden? Weiß eigentlich jeder, um was es geht?

Weil der Buddhismus im Westen ja größtenteils unbekannt ist, wird oft gefragt, ob er Religion oder Philosophie oder Psychologie sei. Es wird auch manchmal diskutiert, ob er eine Gefahr für das Christentum sei. Ich glaube, die Frage allein zeigt schon die Absurdität einer solchen Besorgnis.

Buddhismus zu praktizieren, ist eine der Möglichkeiten zu verstehen, wovon das menschliche Leben handelt. Es geht immer wieder um dasselbe, aber wir müssen uns hineinknien, in diesem Fall sogar wörtlich genommen.

Wenn wir oberflächlich zuhören, passiert überhaupt nichts. Im Gegenteil! Erst einmal müssen sich Herz und Geist einig sein, dass die Jagd in der Welt auf keinen Fall lohnende Resultate bringen kann. Aber wir können im Herzen einen Weg finden, der alle Fragen beantwortet und uns am Ende zeigt, wieso wir überhaupt auf der Welt sind.

Wen das nicht interessiert, muss nicht meditieren. Stattdessen können wir unsere Zeit anders verwenden. Wir können etwas lernen, womit wir Geld verdienen oder auf unsere Freunde Eindruck machen können. Mit Meditation werden wir nie Eindruck machen, höchstens auf uns selbst.

Wenn wir auf uns Eindruck machen wollen, dann müssen wir auch etwas Druck auf uns ausüben, der weit stärker sein kann als wir annehmen. Wir nutzen unsere geistigen Fähigkeiten vielleicht zu 25 Prozent. Die anderen 75 Prozent verwenden wir, um angenehme Sinneseindrücke zu bekommen.

Wenn wir uns nicht ernsthaft mit Herz und Geist bemühen, dann werden sie uns auch nicht helfen und nichts wird geschehen. Wir können nichts Wertvolles auf der Welt – sei es auch noch so materiell – ohne Bemühung erreichen. Was bekamen wir bis jetzt in diesem Leben ohne Anstrengung? Ebenso erzeugen die falschen Bemühungen Resultate, auch wenn wir sie lieber vermieden hätten. Die richtige Bemühung kann die größte Veränderung bewirken, die je im Leben möglich ist. Sei es Philosophie, Psychologie, christlich oder buddhistisch – macht das wirklich etwas aus? Worauf kommt es denn eigentlich an? Immer nur auf das eigene Herz und den eigenen Geist hören, die sich aber ständig in eine Sackgasse verrennen, weil sie Dinge möchten, die sie nicht haben können, oder etwas loswerden wollen, was sie haben. Jedoch einmal erreicht oder losgeworden, kommt schnell wieder etwas Neues.

Es ist ein Jammer, unsere Fähigkeiten so zu verschwenden. Wir haben die Möglichkeit, das größte Glück und die größte Reinheit zu erleben, sodass wir nicht nur in unserem Innenleben eine ganz andere Realität sehen, sondern diese Sicht auch auf unsere Umwelt ausbreiten können. Diese andere Realität bedeutet nicht, dass sich die Welt vor unseren Augen ändert. Es ist die Welt unseres inneren Auges, die sich ändert. Wenn das geschehen ist, dann haben wir der Welt den denkbar größten Dienst erwiesen. Vor allen Dingen denken wir dann nicht mehr „Gib mir etwas", sondern „Ich will geben." Erst wenn es dazu kommt, dass ich geben will und nicht erwarte, dass man mir gibt, dann bekommt das Leben einen tieferen Sinn.

Natürlich ist Buddhismus eine Religion. Es gibt 50 Millionen Buddhisten auf der Welt.

Natürlich ist Christentum eine Religion. Es gibt 700 Millionen Christen auf der Welt. Wie viele Menschen beider Religionen praktizieren? Sind Worte wirklich wichtig? Ein praktizierender Mensch ist das Einzige, das den kleinsten Unterschied im universellen Bewusstsein ausmachen kann.

Der Buddha ist viele Kilometer zu Fuß gegangen, um einen Menschen zu belehren, weil dieser wirklich praktizieren wollte. Wir können nicht auf den nächsten warten, der praktizieren soll. Wir können nur selbst der eine sein.

Rabbi Hillel hat im 1. Jahrhundert unserer Zeitrechnung gesagt: „Wenn nicht ich, wer denn? Wenn nicht jetzt, wann dann?" Übermorgen oder in einem Monat? Es gibt doch nur diesen einen Augenblick und der ist jetzt. Hat jemand von uns eine schriftliche Garantie, dass er übermorgen – oder gar morgen – noch am Leben sein wird? Oder heute Nacht? Das ist doch nur eine Hoffnung, zwar berechtigt, wenn wir nicht todkrank sind, aber dennoch keine Garantie.

Jetzt ist der Körper noch einigermaßen in Ordnung und kann nur darum in der Meditation nicht ruhig sitzen, weil es ihm ungemütlich wird, und das Erdulden und Überwinden dem Geist fremd ist. Der Geist hat alle seine Sinne beisammen und kann Ruhe- und Einsichtsmeditation üben. Wer weiß, was nächste Woche ist? Oder nächstes Jahr? Oder morgen Früh? Wenn wir kein Verständnis dafür erlangen, dass wir das materielle Leben einmal hinter uns lassen und uns ganz dem Spirituellen zuwenden müssen, um dort unsere Hingabe, Liebe, Vertrauen, unser ganzes Sein zu entfalten, wird nie etwas aus unserer Transformation werden.

Wohin denn mit den ganzen Kräften, die wir in uns tragen? Geld verdienen? Dazu brauchen wir doch nicht unser ganzes Sein. Neue Menschen kennen lernen? Noch mehr Bücher lesen? Genügen nicht schon die, die wir bereits gelesen haben? Um was geht es denn eigentlich? Was ist denn so wichtig? Soll es etwas gemütlicher sein und die Beine und der Rücken nicht weh tun? Ist das wirklich unser Lebenssinn?

Um was handelt es sich denn im Herzen und im Geist? Es handelt sich doch nur um eine einzige Sache: Die Freiheit, die Erlösung, das Ende der Knechtung des Geistes, sodass er nicht immer wieder mit alten Mustern reagiert und immer wieder einen Grund findet, unglücklich zu sein. „Irgendjemand hat mir wieder nicht gegeben, was ich haben wollte."

Wir glauben, wir kämen mit einem Gutschein auf die Welt, wie man ihn im Kaufhaus erstehen kann, mit dem wir uns alles abholen können, was wir haben wollen. Aber wir müssen uns alles – jede Kleinigkeit – erarbeiten. Und wie erarbeiten wir uns den inneren Frieden? Indem wir immer wieder von den Sinnen loslassen.

Was die Sinne uns bieten, ist nur ein Trug,

eine Gaukelei, die leider jeder glaubt. Wenn wir eines Tages die Notwendigkeit erkennen, uns davon zu befreien, dann müssen wir uns immer wieder klar machen, dass es nicht darum geht, Angenehmes zu sehen, hören, riechen, schmecken, berühren und denken. Es geht vielmehr darum, das tiefere Sein zu erfassen, das in uns allen das Gleiche ist.

Wenn das nicht so wäre, dann würden die fünf Weltreligionen nicht miteinander übereinstimmen, wie ja die Menschheit glaubt. Natürlich gibt es auch einige Menschen, die dies nicht glauben, aber die Mehrheit denkt, dass es wirklich darauf ankäme, welcher Religion wir angehören, und dass die anderen Menschen Unrecht haben müssen, wenn sie nicht zu unserer Religion gehören. Das ist natürlich ein heller Wahnsinn. Was wollen denn die Religionen von uns? Wir sollen uns läutern und erkennen, um was es im Leben wirklich geht, was es bedeutet, Mensch zu sein, und vor allem ein ganzer Mensch werden.

Wir sind alle als Menschen geboren, aber wir müssen auch unsere Menschlichkeit entfalten lernen. Es hat nichts damit zu tun, ob wir Mann oder Frau sind. Es handelt sich um das Menschsein und nicht darum, welchem Geschlecht wir angehören. Selbstverständlich haben wir verschiedene Kennzeichen und Merkmale, aber selbst unter Männern und Frauen sind diese oft unterschiedlich. Die Menschheit ist eins, sogar eins mir der Natur und mit allem, was existiert.

Der Buddha hat gesagt: „Das ganze Universum liegt in diesem klafterlangen Körper und Geist." Hier bei uns selbst ist alles zu finden, und nichts anderes gibt es. Menschsein bedeutet, dass wir dessen ganze Tiefe und volle Größe erfahren, die in jeder Religion gelehrt werden.

Wenn die Menschen nicht mehr auf ihren ursprünglichen Lehrer hören, sondern ihren eigenen Vorstellungen folgen, geht vieles von der Eindeutigkeit der Lehre verloren. Aber wenn wir wieder zur Quelle, zum Ursprung zurückkehren, dann sehen wir, dass es nur eine einzige Quelle gibt. Wenn wir uns dieser Quelle nähern, kommen wir zu der vollkommenen Reinheit, denn die Quelle ist ohne jegliche Unreinheiten und enthält alles, was wir brauchen. Um uns ihr zu nähern, müssen wir uns voll hingeben. Unsere eigenen Wünsche und Vorstellungen haben überhaupt nichts damit zu tun.

Es gibt eine Lehrrede des Buddha, die „Brahmajala-Sutta", auf Deutsch „Das Netz der Ansichten", in der 62 Ansichten beschrieben sind – eine Zusammenfassung aller Ansichten, die ein Mensch haben kann. Alle sind falsch, weil sie auf dem „Ich" aufgebaut sind, also auf einer Person von Sandkorngröße, die aus ihrer Perspektive alles irgendwie beurteilt. Das kann natürlich nicht stimmen. Wenn wir einmal unsere eigenen Ansichten aus dem Spiel lassen und uns wirklich eine halbe Stunde hingeben würden, dann könnten wir erkennen, worum es geht. Es geht um die Läuterung von Herz und Geist und nicht um Erklärungen, Ansichten, Erläuterungen oder irgendwelche Ideen, Ablehnungen, Hoffnungen und Pläne. Nichts davon, all dies steht im Weg.

Alles sind Barrieren, mit denen wir uns Tag für Tag herumschlagen und die das Leben nicht nur schwierig machen und es auf die Sinne ausrichten, sondern uns auch in einer Art und Weise begrenzen, sodass wir nie das Ganze sehen können. Wir können gerade das sehen, was unsere eigene Person und die paar Menschen betrifft, mit denen wir zusammenleben. Schon dieser Erdball, auf dem wir leben, ist uns fremd. Da sind irgendwo andere Menschen. Was machen sie eigentlich? Existieren sie überhaupt? Vielleicht werden sie uns einmal auf dem Fernseher gezeigt. Aber wir sind nur mit „Ich" beschäftigt. „Ich" will, „ich" möchte, „ich" habe, „ich" werde. Das funktioniert einfach nicht, um Frieden und Harmonie herbeizuführen.

Wenn wir wissen wollen, um was es geht, müssen wir unsere eigenen Ansichten loslassen, denn sonst können wir es ja nie erfahren. Wenn wir glauben, dass unsere eigenen Ansichten stimmen, dann müssen wir nachprüfen, ob sie uns glücklich machen. Sollte das nicht der Fall sein, dann dürften wir wohl annehmen, dass sie nicht stimmen. Oder glaubt jemand, dass wir auf der Welt sind, damit andere uns recht glücklich machen? Oder dazu, dass unsere eigenen Vorstellungen uns immer wieder verfolgen, sodass wir überhaupt keine neuen bekommen können?

Der Buddha hat gesagt, dass es vier Arten Menschen gibt, vergleichbar mit vier Arten Tongefäßen. Das erste Tongefäß hat riesige Löcher im Boden. Wenn Wasser hineingegossen wird, läuft es gleich wieder heraus. Was wir mit dem rechten Ohr hören, läuft aus dem linken wieder hinaus. Die zweite Art Tongefäß hat Risse. Das Wasser, das hineingegossen wird, sickert hinaus. Was wir hören, zur Kenntnis nehmen oder auch erleben, sickert alles weg. Wir kehren mit unseren Gedanken gleich wieder dorthin zurück, wo wir immer schon waren. Die dritte Sorte Tongefäß ist bis an den Rand voll mit Wasser, sodass kein frisches Wasser hineingegossen werden kann. Das sind solche Menschen, die sowieso schon alles wissen, also nichts Neues in sich hereinlassen. Das ist eine besonders unangenehme Situation, wenn wir viel Neues zu hören bekommen, da wir dann ja ständig beim Ablehnen sein müssen. Da wir zu voll mit Meinungen sind, haben wir keinen Freiraum für anderes übrig. Dann gibt es natürlich noch ein Tongefäß, das weder Löcher noch Risse hat und leer ist. Dort kann man wirklich frisches Wasser hineingießen. Wir können uns aussuchen, welches Tongefäß wir sein wollen.

Der Buddha hat vor 2500 Jahren darüber gesprochen, und auch heute sieht es nicht anders aus. Trotzdem hat er sich nicht davon abhalten lassen, 45 Jahre seines Lebens täglich zu lehren. Denn er sagte, es gäbe einige Menschen mit wenig Staub auf den Augen, womit natürlich das innere Auge gemeint ist. Aber die wenigen werden die Wahrheit verstehen. Die Möglichkeit, das wahre *Dhamma* auf dieser Welt zu hören, war schon zu Zeiten des Buddha eine Rarität und heute noch viel mehr. Wenn wir es hören, können wir Gefühle der Liebe, Zuneigung und des Vertrauens dafür bekommen, was anfänglich vielleicht nicht selbstverständlich ist. Dann müssen wir es uns merken, was auch nicht leicht ist, und uns dann der höchsten Wahrheit hingeben.

Wir sollten dazu in der Lage sein, wenn wir die gewöhnliche Ebene, auf der die Menschheit lebt, für nicht zufriedenstellend erkannt haben. Sollte sie jemand für zufriedenstellend halten, würde er dies bestimmt nicht lesen, um Neues zu erfahren. Wir sind nur interessiert, weil uns die Marktplatzrealität nicht erfüllt und wir den Weg aus dem Leid heraus suchen. Die Ebene des Marktplatzes kann uns nicht dabei helfen, was keines Menschen Schuld ist. So ist die Existenz der Welt. Wie der Buddha gesagt hat, können wir die höchsten Berge besteigen und in den tiefsten Grund des Meeres tauchen – überall bleibt sich alles gleich. Wir begehren etwas und bekommen es nicht. Wir bekommen etwas und wollen es nicht. Immer wieder läuft das Gleiche ab und keiner hat daran Schuld.

Wenn uns das nicht einleuchtet, können wir nicht praktizieren. Es ist unmöglich, sich dem spirituellen Pfad wirklich hinzugeben, wenn wir immer noch glauben, dass in der Welt oder bei Menschen etwas zu finden sei, was volle Erfüllung bietet. Das Einzige, das wir dort finden können, sind Sinnesbefriedigungen, beispielsweise genügend Essen, um Hunger zu vermeiden. Um uns dem spirituellen Leben wirklich hinzugeben, müssen wir wissen, dass wir nichts bekommen werden, sondern dass wir anfangen wollen aufzugeben. Wenn wir uns selbst hingeben können, ist der erste Schritt getan. Alles, was unser „Ich" bestätigt, umfasst, erhält, unterstützt, erklärt, bedeutsam macht, spielt sich auf der weltlichen Ebene ab.

In dem Augenblick der vollkommenen Hingabe, selbst wenn es nur für eine Sekunde ist, gibt es kein einziges Problem mehr, denn wer sollte dann ein Problem haben? In dem Augenblick ist keiner vorhanden, der Probleme haben könnte. Je größer das „Ich" und das Habenwollen in uns ausgeprägt sind, desto mehr Probleme haben wir. Wir können unsere eigene Ichbezogenheit ganz genau daran kalibrieren. Je mehr Probleme, desto mehr Ego. Ein Gleichnis dafür ist ein dicker Mensch, der durch eine Tür gehen will und an beiden Seiten der Tür anstößt und sich wehtut. Genauso geschieht es mit einem dicken „Ich". Es stößt überall an und tut sich ständig weh.

Die Welt ist nicht so geschaffen, dass sie uns unterstützt und sich um unser Wohlergehen sorgt. Sie schuldet uns überhaupt nichts, aber wir schulden unserer Umwelt viel. Wir sind nur am Leben, weil unsere Umwelt uns erhält. Ohne die Menschen und Natur um uns herum könnten wir nicht existieren. Wenn wir einmal klar sehen, dass wir unserer Umwelt sehr viel verdanken, wird unser Denkprozess vielleicht in andere Bahnen geleitet. Solange wir nur mit der Idee des Habenwollens beschäftigt sind, reiht sich ein Problem pausenlos an das andere. Am Ende können wir überhaupt nicht mehr klar sehen, denn je mehr Negativitäten wir in uns haben, desto unklarer und vernebelter wird das Bild. Schließlich glauben wir noch, dass wir ungerecht behandelt werden, weil niemand uns das gibt, was wir haben wollen.

Wenn wir doch nur einmal zuhören würden, dann würden wir schnell erkennen, dass Ursache und Wirkung zusammengehören, dass nicht Chaos sondern Kausalität im Universum herrscht. Niemand hat es auf uns persönlich abgesehen – außer uns selbst. Aus lauter Unvernunft tun wir uns selbst oft sehr weh. Es gibt im ganzen Universum niemanden, der es böse mit uns meint. Aber wir selbst sind darin sehr geschickt. Andererseits gibt es auch niemanden, der uns erlösen kann. Das muss durch eigene Läuterung, Verständnis und Hingabe geschehen.

Wenn ich mich selbst geben kann, dann kann ich alles geben. In dem Augenblick, in dem „ich" „mich" zeitweilig aufgeben kann – wenigstens während der Meditation – sind Meditationsresultate zu erwarten. Außerdem erleben wir, was es bedeutet, wenn „ich" einmal nichts haben will, sondern nur bin. In der Stille ist dafür die Gelegenheit gegeben, aber nicht draußen in der Welt. Erstens läuft dort alles viel zu schnell ab, und zweitens werden ganz andere Anforderungen an uns gestellt.

Wenn wir die Zeit in der Abgeschiedenheit nicht zur wahren Praxis verwenden, bedeutet dies, böse mit uns selbst zu sein. Wir schaden damit nur uns selbst und keinem anderen. Es ist auf der tiefsten Ebene der Wahrheit unmöglich, einem anderen Schaden zuzufügen. Wir können nur uns selbst Schaden zufügen. Vielleicht können wir lernen, unser eigener guter Freund zu sein, und uns überlegen, was diese Freundschaft bedeuten kann. Vielleicht können wir durch Hilfestellung eines Freundes erkennen, was eigentlich gut für „mich", den besten Freund, ist. Nachdem wir das erkannt haben, folgt die Erwägung: „Wie mache ich das, oder erwarte ich immer noch, dass jemand anderes es für mich tut?" Aber vielleicht ist es uns inzwischen ganz klar, dass jeder andere auch für sich selbst Glück sucht. Es ist unmöglich zu praktizieren, wenn wir nicht diese Einsicht haben.

Der spirituelle Weg verlangt den ganzen Menschen und ein klares Verständnis für sich selbst. Außerdem brauchen wir Vertrauen, Liebe, Geduld und Beharrlichkeit. Wir können so weit praktizieren, wie es unsere angeborenen Charaktereigenschaften erlauben. Aber unser Charakter läutert sich durch ständiges Praktizieren, sodass es überhaupt keine Schwierigkeiten mehr bereitet. Im Gegenteil, es wäre eine Schwierigkeit, nicht zu praktizieren, denn dann verfallen wir wieder mit Haut und Haar den Illusionen der Welt, lassen uns von ihnen einfangen und sehen die wahren Werte nicht mehr.

Die tiefen Werte im Leben kommen aus Herz und Geist und sind Liebe, Mitgefühl, Gleichmut, Einsicht in die Vergänglichkeit und den Tod, Verständnis für die Wesensgleichheit von allem Existierenden, Zusammengehörigkeit, Helfenwollen, Erkennen des *Dukkha* (alles Unzufriedenstellende) in uns selbst und anderen und dann das Transzendieren. Das sind die wirklichen Werte. Alles andere dient nur dazu, uns am Leben zu halten. Natürlich müssen wir auch am Leben bleiben, um die wirklichen Werte zu erkennen. Aber es lohnt sich nicht, sich nur zu bemühen, am Leben zu bleiben, denn das hat ja noch nie jemand geschafft. Bei allen endet das Leben mit dem Tod.

Wenn wir unser Leben damit verschwenden, am Leben zu bleiben und angenehme Sinneskontakte zu haben, ist dies der Verlust eines wertvollen Menschenlebens, und unsere Zeit ist unnütz verbracht.

Jeder kann sich nach den wahren Werten ausrichten und versuchen, diese ständig als Richtlinien vor Augen zu haben. Dazu gehören auch die verschiedenen Meditationsmethoden. Solche Wegweiser und Einsichten machen das Leben nicht nur lebenswert, sondern zeigen uns auch, welche Bedeutung das Menschsein hat. Es kann bis zum völligen Transzendieren führen, aber erst einmal muss die Menschlichkeit in uns geschaffen werden. Das geschieht erst dann, wenn wir keinen Teil der Existenz ablehnen. Vielleicht lehnen wir Männer, Frauen, Unannehmlichkeiten, Eltern oder Kinder ab, aber die Menschlichkeit wird erst dann in uns geschaffen, wenn wir ganz damit aufhören.

Der nächste Schritt ist das Aufgeben der

Erwartungshaltung, stattdessen sollten wir Selbstverantwortung übernehmen. Dann verstehen wir auch eines Tages, dass die Menschlichkeit, die wir in uns entfalten müssen, dazu da ist, um sie zu transzendieren und darüber hinauszuwachsen. Dazu dient der spirituelle Pfad, dafür leben wir das spirituelle Leben, das ist der Sinn der Meditation.

Meditation hängt nicht von einer bestimmten Methode ab, sie ist auch kein Hobby, das wir in unser Leben einbauen können, damit wir etwas glücklicher werden. Meditation ist ein Teil der Spiritualität, die in jedem von uns zu finden ist und die wir durch Meditation ausbauen und erweitern können, sodass wir von ihr vollkommen ausgefüllt sind.

Wir können Meditation nicht als etwas außerhalb von uns selbst betrachten, wie beispielsweise Garten bebauen, Ski laufen oder Briefmarken sammeln. Die Meditationsmethoden sind natürlich nötig, aber Meditation bedeutet, unser Innenleben zu verändern, bis wir eines Tages dadurch ein ganz anderes Verständnis für die Welt haben.

Meditation führt uns zu dem, was alle spirituellen Meister und Religionsgründer beschrieben haben. In Wirklichkeit halten wir nur aus Unvernunft und Unwissenheit an unserer Ichbezogenheit und unseren Begierden fest. Es ist einfach die Begrenzung, die wir uns selbst auferlegen, weil wir die Scheuklappen nicht von den Augen nehmen, um in die Weite zu schauen, wodurch sich Herz und Geist erweitern. Was wir bekommen, ist unwichtig, nur was wir geben, ist bedeutsam.

Dieser kleine Erdball, auf dem wir leben, ist ein winziges Ding, welches im Universum mit unvorstellbarer Schnelligkeit herumsaust. Es herrscht viel *Dukkha* auf ihm, welches wir noch vergrößern, wenn wir negativ denken, sprechen und handeln, und dadurch noch mehr davon in die Welt hinauslassen, statt uns um das Gegenteil zu bemühen.

Wir können uns von allen Bürden befreien,

wenn wir die Ichbezogenheit aufgeben und erkennen, dass im Innenleben etwas ganz anderes herrscht als in der Welt. Solange wir mit der Welt draußen beschäftigt sind, können wir nicht nach innen. Es ist nur möglich, an dem einen oder dem anderen Platz zu sein. Beides zusammen geht nicht, denn sie sind so weit auseinander, wie der Mond, die Sterne und die Sonne von uns entfernt sind.

Draußen ist nichts anderes als eine Manifestation der Existenz, die uns vorgaukelt, das sei die Welt für uns. In uns drinnen ist die Wahrheit. Wenn wir nicht hineinkönnen, liegt es nur daran, dass wir mit dem, was wir möchten und wollen, wer wir sind, was wir noch nicht haben, und mit allen Dingen, die uns im Kopf herumschwirren, zu beschäftigt sind.

Es ist ein Jammer, die Zeit nicht dafür zu verwenden, alles Äußere fallenzulassen und zu erkennen, dass der Körper, auf den wir so viel Fürsorge verwenden, nur Materie ist. Er bestimmt uns, weil er essen, schlafen, sitzen, liegen, stehen, gehen möchte, hier und dort ein Zipperlein hat, und der Geist andauernd reagiert. Wir müßten mal erkennen, dass der Körper uns immer im Weg sein wird und es unmöglich ist, ihn permanent zu befriedigen, auch wenn wir es noch so oft probieren. Wir versuchen es ja schon seit Jahrzehnten und haben es doch nie geschafft.

Genauso unmöglich ist es, den Geist permanent durch die Sinneskontakte zu befriedigen. Wir probieren auch das schon, seitdem wir auf der Welt sind. Es muss uns doch einmal klar werden, dass das nicht geht, denn so ungeschickt sind wir doch nicht, dass wir bei allen unternommenen Versuchen die permanente Befriedigung so total verfehlt hätten. Es muß doch möglich sein, das einmal ganz klar zu sehen. Dann können wir uns darüber hinwegsetzen, dass Körper und Geist von außen befriedigt werden wollen und damit anfangen, die Befriedigung endlich einmal innen zu suchen.

Was sucht denn eigentlich jeder? Bestimmt nichts anderes als inneren Frieden. Glaubt jemand, dass wir ihn bekommen können, wenn der Körper befriedigt ist oder wenn die Sinneskontakte angenehm sind? Sollte es immer noch jemand glauben, dann müsste das nochmals untersucht werden. Innerer Frieden ist Innenleben, und das ist nur zu finden, wenn wir das Außenleben zeitweilig loslassen mit der Kraft der Überzeugung, des Willens, des Überwindens dahinter und nicht mit der Schwäche des Habenwollens. Wer etwas haben will, ist ein Bettler. Wer etwas geben will, ist ein König. Wir haben die Wahl.

Liebende-Güte-Meditation

Dankbarkeit

Um anzufangen, wollen wir die Achtsamkeit für ein paar Momente auf den Atem lenken.

Wir wollen an alles Gute denken, das wir in unserem Leben haben und unser Herz mit Dankbarkeit dafür anfüllen. Wir empfinden Dankbarkeit für Gesundheit, ein Heim, ausreichend Kleidung, Familie, Freunde, für alle Lehren, die wir empfangen haben, für das gute Essen, die schöne Natur in unserer Umgebung. Wir füllen uns mit Dankbarkeit an und umhüllen uns damit. Wir stellen uns immer mehr und mehr Dinge, Situationen und Menschen vor, wofür wir dankbar sein können. Wir betrachten nichts als selbstverständlich und wir sind dankbar für unser

Leben, das es uns ermöglicht, spirituell zu wachsen.

Wir schauen noch einmal in unser Herz hinein und erkennen darin ganz deutlich den Wunsch und die Sehnsucht, Liebe zu empfinden und diese Fähigkeit zu erweitern und zu vergrößern. Dann schenken wir dieses Gefühl demjenigen, der uns hier am nächsten sitzt, nur aus dem Grund, weil dieses Gefühl der Weichheit und Wärme des Herzens zum Verschenken ist. Und wir verspüren ganz deutlich, dass dadurch Glück in uns herrscht und wir Glück um uns verbreiten.

Wir wollen an unsere Eltern denken, ob sie noch leben oder nicht, und ihnen tief innig dankbar sein für alles Gute, das sie für uns getan haben, vor allem, als wir noch zu klein waren, um für uns selbst zu sorgen. Wir denken daran, wie sehr sie sich um uns gesorgt haben. Wir schenken ihnen diese Dankbarkeit in Liebe und sehen, wie sie das beglückt.

Wir denken an die Menschen, die uns am nächsten stehen, mit denen wir vielleicht zusammenleben. Und wir sind ihnen innigst dankbar, dass sie mit uns zusammen sind, unsere Interessen teilen, uns zuhören, sich um uns kümmern und mit uns verbunden sind. Wir schenken ihnen unser Herz in Dankbarkeit, ohne zu erwarten, das Gleiche zurückzubekommen.

Wir denken an unsere Familie, Freunde, Bekannte und Verwandte, und wir sind ihnen zutiefst dankbar, dass sie mit uns verbunden sind. Wir zeigen ihnen durch unsere Dankbarkeit unsere Zusammengehörigkeit. Wir sind glücklich und dankbar, dass sie sich für uns interessieren, und wir wollen ihnen durch diese Dankbarkeit unsere Liebe und Freundschaft zeigen.

Wir denken an die Menschen, die unseren Alltag bevölkern, die einen ganz wichtigen Teil unseres Lebens ausmachen: unsere Nachbarn,

Arbeitskollegen, Verkäufer, Menschen auf der Straße, in öffentlichen Verkehrsmitteln, Postboten, Menschen in den Geschäften, Schüler, Lehrer, Patienten. Wer immer einen Teil unseres Lebens in unserem Alltag ausmacht. Und jedem von diesen Menschen schenken wir unser Herz voll Dankbarkeit, dass sie ein Teil unseres Lebens sind und dass wir mit ihnen in Harmonie leben können. Wir zeigen ihnen unsere Zusammengehörigkeit durch Dankbarkeit.

Jetzt denken wir an einen schwierigen Menschen in unserem Leben, über den wir uns geärgert haben oder der sich über uns geärgert hat. Und wir sind diesem Menschen innig dankbar für die Lernsituation, die sich daraus ergeben hat, nämlich, dass wir lernen können, auch die schwierigen Menschen zu lieben. Mit dieser Dankbarkeit denken wir an den schwierigen Menschen und spüren, wie die Schwierigkeit von uns abgleitet.

Jetzt denken wir an die vielen Menschen, denen wir dankbar sein müssen, weil unser Leben ohne sie nicht seinen Gang nehmen könnte. Wir sind auf sie angewiesen und nehmen es oft für selbstverständlich und wollen ihnen jetzt unsere Dankbarkeit von Herzen schenken.

Die Bauern, die die Felder bestellen und unsere Nahrung anbauen. Ob wir sie kennen oder nicht, wir können ihnen trotzdem unsere Dankbarkeit schenken. Die Menschen, die die Nahrung dann weiterverarbeiten, die den Transport unternehmen und die Angestellten in den Geschäften, die die Lebensmittel an uns verkaufen. Ohne alle diese Menschen wäre es schwierig für uns weiterzuleben.

Die Menschen, die unsere Häuser bauen oder gebaut haben, unser Elektrizitätsnetz und Telefonnetz in Ordnung halten, unsere Post sortieren und uns bringen und abholen. All denjenigen gebührt tiefe Dankbarkeit, weil wir ohne sie nicht gut leben könnten.

Wir verschenken unser Herz an alle diese Menschen.

Wir denken an alle Lehrer, von denen wir jemals gelernt haben, was immer es sei, und sind ihnen dankbar. Wir denken an die Menschen, die unsere Straßen in Ordnung halten. Wir denken an Ärzte und Krankenschwestern, die entweder uns selbst oder unseren Lieben geholfen haben. Unser Herz voll Dankbarkeit richtet sich auf sie. Wir erwarten nichts zurück. Wir sind dankbar für alle Geschenke, die wir bekommen.

Wir sind dankbar für die herrliche Natur um uns herum: Bäume und Blumen, Wälder und Wiesen, Berge und Täler, Himmel und Wolken, Sonne und Regen. Wir lassen Dankbarkeit von uns ausstrahlen in die Natur um uns herum. Und wir sind dankbar, dass wir diese Natur mit vielen Wesen teilen dürfen, winzig klein wie Ameisen oder auch größer. Wir sind alle ein Teil dieser Schöpfung und sind dankbar dafür.

Nun richten wir die Achtsamkeit wieder auf uns selbst und spüren Glück und Freude durch die Dankbarkeit, die wir verschenkt haben und durch die Liebe, die wir dadurch auch ausstrahlen konnten und verankern die Dankbarkeit in unserem Herzen, sodass wir jederzeit Zugang zu ihr haben.

Mögen alle Menschen Dankbarkeit in ihren Herzen entwickeln.

Lebenslauf Ayya Khema

Die Ehrw. Ayya Khema wurde 1923 als Kind jüdischer Eltern in Berlin geboren. Als Fünfzehnjährige floh sie mit einem der letzten Kindertransporte vor den Nazis nach Schottland und zwei Jahre später nach Shanghai. 1949 heiratete sie, bekam zwei Kinder und lebte in den USA. Während ihrer zweiten Ehe bereiste sie Südamerika, Asien und führte auf einer eigenen Farm in Australien ein autonomes Landleben. Auf ihren Reisen durch Asien kam Ayya Khema mit dem Buddhismus in Berührung. Nach Jahren der Ausbildung bei namhaften Lehrern in Burma, Thailand, Sri Lanka, USA und Australien begann sie 1975 Meditation und die Lehre des Buddha in der Theravada-Tradition zu vermitteln. Sie ließ sich 1979 zur Nonne ordinieren und gründete in Australien und Sri Lanka Klöster.

Nach 50 Jahren der Abwesenheit kehrte sie auf Bitte ihrer Schüler in ihre Heimat zurück, um die Lehre des Buddha im Westen zu etablieren. 1989 wurde das Buddha-Haus und ein Jahr später der Jhana Verlag gegründet. In ihrem letzten Lebensjahr entstand das erste deutsche Waldkloster Metta Vihara in der Theravada-Tradition.

Ayya Khema hatte die Fähigkeit, aus der Tiefe ihrer Erfahrung heraus, die buddhistische Meditation und die Lehre des Buddha in klare und einfache Worte zu fassen und so die Herzen der Menschen im Innersten zu berühren.

Sie war eine der größten Mystikerinnen des letzten Jahrhunderts und starb im November 1997 im Buddha-Haus im Allgäu.

Weitere Titel von Ayya Khema im Jhana Verlag

Ohne mich ist das Leben ganz einfach

Der Weg des Buddha zur vollkommenen Freiheit

broschiert, 264 Seiten
ISBN 978-3-931274-37-5

So weit die Kraft des Herzens reicht

Geleitete Meditationen auf CD

ISBN 978-3-931274-36-8

Ein Leben in Liebe und Weisheit

Begegnung mit einer Mystikerin

gebunden, 144 Seiten,
mit zahlreichen Farbabbildungen
ISBN 978-3-931274-38-2

Interessenten wenden sich bitte an:

BUDDHA-HAUS
Meditations- und Studienzentrum e.V.
Uttenbühl 5 · 87466 Oy-Mittelberg
Tel. 08376/502 · Fax 08376/592
info@buddha-haus.de
www.buddha-haus.de
online-shop: www.jhanaverlag.de

BuddhaHaus
Meditations- und Studienzentrum e. V.

Weitere Titel von Ayya Khema im Jhana Verlag

Das Größte ist die Liebe

Die Bergpredigt und das Hohelied der Liebe aus buddhistischer Sicht

broschiert, 104 Seiten
ISBN 978-3-931274-02-3

Um was geht's denn wirklich?

Fragen an Ayya Khema zur buddhistischen Praxis

broschiert, 208 Seiten
ISBN 978-3-931274-30-6

Nicht so viel denken, mehr lieben

Buddha und Jesus im Dialog

Hardcover, 128 Seiten
ISBN 978-3-931274-26-9